Corruptocracia, democracia a la usanza latinoamericana   - Ensayo -   Sandra M. C.

```
I0425399
```

"CORRUPTOCRACIA": DÍCESE DEL GOBIERNO DE LOS CORRUPTOS.

Para mi padre:

Un hombre demasiado honesto para este mundo...

Recuerdo verlo levantarse a las tres de la mañana, preparar su mate y salir para trabajar. No importaba si hacia un frio que calaba hasta los huesos, desde el calor de mis mantas lo observaba alistarse y salir para el trabajo; podía diluviar, o hacer un calor del infierno, jamás se detenía. Trabajaba todo el día para darnos el pan y el abrigo, a mí, y a mis tres hermanos. Podía traer heridas sus manos por la cal que carcomía sus dedos luego de haber preparado cargas y cargas de argamasa, dolerle la espalda, estar con fiebre o gripe, pero él no se detenía.

Mi padre trabajó durante casi cincuenta años como constructor, iniciándose como ayudante albañil, aprendiendo las técnicas y habilidades que no se enseñan en ninguna facultad de Ingeniería; sin seguro, sin jubilación, un hombre honesto como no conocí otro, que vivió y nos hizo vivir con el fruto de su esfuerzo, y dentro de su humildad nos dejó un legado invaluable, el ejemplo de ser un buen ser humano.

¡Qué diferente sería el mundo si todos fuésemos solo un poco parecidos a vos!

Prologo

Empezaré con una aclaración, no soy politóloga, ni socióloga, para mí bastaría con decir que soy un ser humano, para quienes requieran más información diré que no cuento con título universitario. Amerita quizás, mencionar que sí he pasado por la enseñanza terciaria, Facultad de Leyes, para precisar.

Sin embargo, así como ingresé plena de ilusiones e inocencia a dicha casa de estudios, al tercer año desistí, al cobrar conciencia de la mediocridad imperante, cansada de soportar a "profesores" que recitaban librillos de memoria mientras asesinaban el español con saña; decepcionada al ver que dentro de la misma facultad en la cual los principios éticos y morales debían ser los cimientos de la enseñanza; los alumnos apadrinados de algún político de turno, o, alumnas con interesantes atributos más físicos que intelectuales, "negociaban" notas y accedían fácilmente a los temas de exámenes.

En algún punto me pregunté si podría soportar otros tres años observando todo aquello, para luego pasearme por tribunales y tener que llamar "Su Señoría" a esos mismos profesores, mediocres y corruptos, pensé si podría ser capaz de "negociar" alguna sentencia favorable, y si ese era el mundo insalubre en el que querría desempeñarme el resto de mi vida económicamente activa. La respuesta fue no. Aunque amaba la teoría, las raíces del Derecho plasmado en tantos libros, pero comprendí que en la práctica esos fundamentos dormían en amplias bibliotecas.

La realidad es que el Derecho dejó de ser justo, igualitario y equitativo hace mucho tiempo, o no estaríamos como estamos. Este ensayo, es más bien una denuncia, un grito de hartazgo. Quizás mis principios no me permitan comulgar con acciones radicales, el reclamo por medio de la violencia, la imposición de sistemas por medio de la fuerza, y, sin embargo, ¿no es eso sobre lo que se cimentó nuestro llamado mundo civilizado?

No obstante, tal vez puedo coger un lápiz y levantar mi voz para que otros también la escuchen. Podría en algún tiempo, próximo o no, suceder que tantas mentes adormiladas, almas destruidas, y estómagos afligidos despierten juntos. El mal que sufrimos los latinoamericanos es endémico, y nos seguirá dañando hasta que el delito de corrupción sea considerado un delito de lesa humanidad, porque los genocidios se pueden dar de diferentes maneras, y de esto va lo que más adelante comparto.

Representa el 13,5% de la superficie terrestre, comprendidos en más de 21 millones de km².

¡Mas de quinientos sesenta y nueve millones de almas!

Esto es Latinoamérica, una extensión inmensa de tierra, equivalente a más de 45% del continente americano. Compartimos, los que hemos nacido en estas latitudes, no solo una variedad de paisajes maravillosos, de suelos arenosos y rocosos, selvas y bosques, ríos y lagos, desiertos y picos nevados; compartimos además una característica que nos identifica, *la misma lengua*.

Sí, la misma lengua castellana, o española, si quieren, compartidas por unas 569.000.000 de personas, un poco menos si restamos a los de habla portuguesa. Esa lengua, quizás, la compartamos por la gracia de los primeros exploradores procedentes, en su mayoría, de España, quienes, con la ambición de descubrir nuevas tierras y tesoros para la corona de turno, llegaron a estas costas, centurias atrás. Ellos nos legaron la lengua y también una sangría de despojos, hay que decirlo.

He aquí otro punto en común dentro del crisol de razas de las que provenimos. Todas las poblaciones originarias, sufrieron violencia, atropellos, abusos, la sustracción de sus riquezas, y recibieron a cambio la lengua y el mestizaje, son esas nuestras raíces. Habría que ver si ese intercambio puede ser considerado justo a la luz del desarrollo actual de los descubridores y los descubiertos.

Estos 20 países que conforman el suelo latinoamericano poseen en la actualidad otra característica en común, y es un punto que, personalmente considero es como una falla, tan extensa y profunda como la que recorre el continente americano desde Ushuaia hasta Alaska, la de San Andrés.

Es una fisura que está presente, pero no se ha rasgado por completo, todavía. Es la que nace de la corrupto-política que se ha instalado en los gobiernos latinoamericanos.

Esta falla nos representa a todos, y nos iguala ahora más nunca, por encima cualquier raza, nos agobia, nos cubre como una nube tóxica.

Podría pedirte que cerraras los ojos e indiques cualquier punto al azar sobre el mapa de América Latina, y te diría: «Sí, ahí también», y si señalaras otro sitio cualquiera o todos los que forman la geografía de cada uno de estos 20 países, la respuesta sería la misma: «Sí, ahí también están acabando con su gente». Porque esta falla sobre la que caminamos día a día no es otra cosa que la corrupción.

Esta es una fisura que penetró hasta lo más profundo de nuestras tierras y se arraigó peligrosamente a nuestra existencia, determinando algo tan valioso como nuestra dignidad como seres humanos. Su imparable expansión ha debilitado los cimientos de nuestras sociedades, resquebrajando nuestras creencias y principios, hasta el punto en el cual dudamos y nos cuestionamos si no seremos nosotros, los comunes, los que estamos equivocados.

Es entonces, cuando en mi interior se levanta mi conciencia en su forma más violenta y rebelde, y me enfrenta a preguntas que presionan por una necesidad de respuesta, como estoy segura ocurre con muchos; obligados a acallar esa voz, la de sus conciencias, para escuchar solamente la voz de su necesidad por sobrevivir un nuevo día, esa necesidad por alejarse de una precariedad que los ha convertido en masas obedientes y sumisas, dispuestas a dar su sangre para alimentar a esa Hidra gigantesca y maléfica que devora también sus almas; ese "monstruo grande y que pisa fuerte[1]", al que llamamos 'Estado'.

No sé si lograré dar con estas respuestas, con las razones por las cuales cada uno de estos países experimenta la destrucción de su dignidad a pasos agigantados, comparables solo a la velocidad con la que se destruyen sus bosques; paradójicamente ambas situaciones, si no se detienen, conllevan nuestra extinción; una moral, la otra física.

---

[1] Letra de la música de Solo le pido a Dios, León Gieco.

¡Y ninguna de ellas merecida!, por cierto. Porque por derecho natural somos dignos; desde el primer aliento la tierra nos alberga, sin importar la raza, el status, el género; y, sin embargo, aparecen estos ¨seres apoteósicos¨ que asumen el control de nuestras vidas y que con cantos de sirenas nos sumergen en una vida de mediocridad e injusticia, mientras ellos, llamados: ¨políticos¨; encerrados en sus mansiones dictaminan acerca de nuestro futuro, tornándolos oscuros y asfixiantes, como la tierra muerta que heredaremos a nuestra descendencia a causa de la deforestación, selvas prístinas convertidas en sojales, aguas otrora prístinas, hoy...líquido mortal. Tierra roja... como si fuera ella misma sangrante.

Pero ¿cuándo comenzó a formarse esta falla?

¿Cuándo empezó a abrirse en las entrañas de Latinoamérica esta herida que no hemos logrado detener, si acaso lo intentamos o, ¿lo intentaron otros? ¿Bolívar, San Martin, el Che? Mejor obviemos sus luchas, porque cada uno de ellos pudo enarbolar principios libertarios, y, sin embargo, ¿quién puede estar seguro de las verdaderas intenciones que los motivaron?, y por seguro, cada uno de ellos tendrá defensores como detractores.

Además, la realidad nos ha enseñado que todo accionar político, pacifico o no, conlleva en sus entrañas el virus de la ambición, y que, si alguno de ellos fue impoluto en sus inicios, terminó siendo devorado o cuando menos infectado por el hambre de poder.

Mi conciencia se pregunta entonces, si quizás somos presos de nuestra propia esencia, si tal vez hemos arrastrado un rasgo genético que nos llevó a evolucionar a algunos de vasallos a serviles, y a otros, una minoría, de señores feudales a amos.

Ya la historia de nuestros pueblos originarios nos cuenta de cómo vivían, todos lo sabemos. Tribus distribuidas por los distintos puntos de la vasta fisionomía latinoamericana. Llevaban vidas sencillas, en comunión con la naturaleza, algunas pacíficas, otras violentas, y según el territorio que cubrían, algunas más ricas y desarrolladas que otras.

¿Acaso fue en ese instante de nuestra evolución, en el cual tuvimos que agachar la cabeza e hincarnos al suelo frente al cacique a fin de conseguir protección, que se plantó en nuestro gen el cáncer de la sumisión y conformismo?

O, tal vez fue cuando llegaron los primeros conquistadores, que con sus naves y armas enseñaron lo que era el verdadero poder, hasta ese entonces desconocido por los nativos. El líder, dejó de ser el designado por una cuestión de herencia tribal al que todos debían obedecer; y estos "nuevos hombres" de pieles pálidas, impusieron sus códigos, leyes y lengua con el filo de sus ballestas, de sus espadas, y con el tronar de sus trabucos.

Y con ellos llegó la iglesia, que propagó el dogma de absoluta obediencia al Dios en la tierra, el Rey, y al Dios en los cielos. Aniquiló las creencias primitivas de los nativos, que no eran otra que la vida en libertad y armonía con la naturaleza, que le brindaba hogar, abrigo y alimento. Porque sí, era preferible exterminar en nombre de Dios y del Rey al que se revelara ante estas imposiciones, que dejarlos vivir sin un amo a quien entregar sus tierras, sus hijos e hijas.

La mayoría de los rebeldes murieron, los que sobrevivieron lo hicieron para ver como estos hombres llegados desde el mar, cargaban sus naves con oro, plata y demás tesoros, y cómo sus hijos e hijas eran tomados por la fuerza. Los "afortunados" fueron condenados a un estado de esclavitud, y dejaron de estar bajo el mando de un cacique para pasar a ser propiedad de un Rey al que jamás le vieron el rostro.

Quizás, fue ese el momento en el que se impregnó en nuestra sangre ese rasgo que arrastramos hasta nuestra actualidad. Aceptar una vida de sumisión antes que morir, y entonces esa falla se instaló, para extenderse por todas las latitudes del Sur, creciendo y creciendo sin parar.

El hedor que emana de sus grietas oscuras nos recuerda a los muertos que se negaron a bajar la cabeza, pero ¿qué hay de los otros muertos? Los que día tras día caen, los que hemos enterrado en su interior, por causa de tanta corrupción.

No hablemos de índices, sino de la indecencia que los origina.

Podemos llenar libros y libros con índices, estadísticas, parámetros comparativos, gráficos ilustrativos, pero no.

Aquí no mencionaré números, de ellos estamos saturados y basta con dar un click en un buscador o abrir algún que otro sitio web gubernamental para acceder a ellos, a los números.

Aquí hablare acerca de personas, de aquellos que están sosteniendo sobre sus cabezas esos números que cada año son compilados por estas oficinas o agencias, con exuberantes presupuestos, para plasmarlos en boletines o balances anuales, presentados en exquisitas y exclusivas recepciones, donde los participantes de las esferas más altas de la sociedad, en su mayoría y paradójicamente, jamás estuvo cara a cara con alguno de los protagonistas de tales estadísticas.

Considero que es justo y necesario relatar sus historias, hablar de estos "números", porque forman parte de cada una de estas sociedades corrompidas, son humanos atrapados en la cotidianeidad mísera, donde el corrupto se ha erigido como amo y señor de sus destinos.

Hábiles o no tanto, pero sí poderosos. Estos "gobernantes" han establecido metódica y minuciosamente un manual que se ha replicado y ejecutado con maestría en toda América Latina, con fidelidad e incluso ingenios propios de la usanza criolla de cada uno de estos páramos.

Aquí yace otro rasgo que nos iguala, porque basta con encender el televisor o la radio para enterarnos de cómo día tras día surgen casos de corrupción en las esferas gubernamentales. Brasil, Paraguay, Argentina, Nicaragua, El Salvador, Bolivia, Perú, Venezuela…, podría citar a todos y cada uno de ellos y la situación sería la misma.

El relato no varía. Es el dinero del pueblo siendo absorbido por quienes detentan el poder, despilfarrado en adquisiciones caratuladas como "beneficiosas para el pueblo", pero por debajo ocultan someramente la verdad que logramos ver, a pesar de que nos crean estúpidos. No, no somos estúpidos, podemos ver como estos "políticos" otorgan una vida de lujos para sus descendencias y las descendencias de estos. Recursos y bienes robados tan descarada como alevosamente que hasta lograron quitarnos la indignación que alguna vez pudimos sentir. Simplemente lo hemos aceptado.

¡Oh dichosa mansedumbre! Miles de personas que solo deseaban vivir en paz, han sido vilmente manipuladas, y sus vidas torcidas, sus valores distorsionados, y de alguna manera, han sido abono para que la "mala hierba" se propague. Años de dictaduras y de sus horrores; nos marcaron, y como sedientos ante un oasis corrimos con los brazos abiertos hacia la libertad, pacífica y prospera, que bailaba como un espejismo ante nuestros ojos, cansados de llorar por tantas víctimas de la opresión; la democracia era la panacea, la promesa de un paraíso justo.

Pero, lamentablemente este paraíso nunca se hizo realidad. Lentamente las dictaduras cayeron en el norte, sur, este y oeste, los cuatro puntos cardinales se abrieron a la nueva era, al sistema político aceptado por el resto del mundo, por los grandes de los demás continentes, llegaba la democracia, ¡el gobierno del pueblo!

Y así, estas potencias asentían satisfechos, y los dictadores, otrora soportados por conveniencia, dejaron de ser bien vistos; y ellos, y sus políticas populistas, fueron reemplazados por los demócratas y sus sistemas capitalistas. ¿Por qué no festejar el fin de una dictadura que asesinaba a sus detractores, encerraba a las voces contrarias, y, se negaba a abrirse a "nuevos negocios" que representaban millones en ganancias para los países democráticos, y sumamente poderosos? Si esta preocupación nacida dentro del eje de los bloques poderosos era salvar vidas o generar negocios, jamás lo sabremos. Muchas guerras se han gestado por los mismos motivos.

Entonces, aquí, aparece quizás otro rasgo que nos hace hermanos. El aceptar un mal menor antes que otro mal que podría resultar peor. Sí, como si lo excelso y puramente bueno nos haya sido vedado por designio caprichoso de algún Dios aburrido. Optar por el malo conocido, antes que un malo por conocer es la rúbrica con la que hemos firmado nuestros votos.

Si bien es cierto que, la democracia nos entregó libertad, y nuestras vidas dejaron de ser juegos en el carrusel macabro de un despótico, pero ¿a qué precio? Con el tiempo, las esperanzas y los grandes discursos esgrimidos por cada uno de los que detentaron la representación de un pueblo latinoamericano que genuinamente depositó en sus votos todos sus deseos de una vida en libertad y justicia, se cubrieron de polvo, de olvido, y nuevamente, de sangre.

Como si no fuésemos capaces de escapar de la espiral maldito de nuestros destinos, que siempre nos lleva al sufrimiento colectivo.

Aclaremos sí, que las desventuras siempre caen para un lado, el del pueblo, porque del otro lado, el que ocupan los gobernantes, ya sean de una dictadura o una democracia, para ellos las desgracias jamás tocan a su puerta; habrá excepciones seguramente, pero la mayoría de los ex dictadores o ex gobernantes, acusados de crímenes atroces, de enriquecimientos ilícitos astronómicos, se retiraron a una vida apacible y cómoda en alguna mansión con vista al mar, a montañas nevadas, tan lejanos y ocultos que la justicia no los alcanzó jamás.

Y el sufrido pueblo, atónito y vencido, se ha convertido en testigo de estos actos casi milagrosos. Estos afortunados, alguien que fue un militar, un líder sindical, quizás un periodista que gritó en el momento oportuno, un obispo que prometió austeridad y salvación, la referente que era esposa de, o el hijo de, y que desvergonzadamente heredó el cargo como si de una corona se tratara, todos ellos y ellas, de vidas e ingresos modestos, lograron convertir sus nombres y apellidos en sinónimo de fortunas dignas de ser mencionadas y publicadas en *Forbes*.

Observamos casi sin reacción, el despliegue de ese milagro, de esa buena fortuna que nos esquiva al resto, a los comunes.
Es cuando en silencio la conciencia nos susurra. ¿Es justo lo que ocurre? ¿Ha sido mejor vivir en democracia que en dictadura? Deseamos convencernos y responder que sí, que la dictadura es muerte y opresión, pero ¿y la democracia? ¿Esta exenta de muerte?

Para hallar esa respuesta, podríamos dirigirnos a personas reales, cuyas vidas se han visto afectadas por estos "líderes demócratas".

Por ejemplo, le podríamos preguntar don José, que se dedicaba a llevar adelante una herrería, puedes ubicarlo en cualquier punto de Latinoamérica. don José, por medio de su esfuerzo logró que un comprador extranjero acceda a comprar su artesanal y hermoso trabajo en hierro. Desde luego, feliz, pensó en lo rápido que crecería su herrería, el bienestar que finalmente lograría dar a su familia, que hasta ese momento se manejaba con lo justo, salvando el día a día, sin posibilidad de ahorros, de planes para el futuro, como la mayoría de nosotros. Finalmente, el milagro parecía ocurrir en su vida.

Don José, realizó todos los trámites tributarios que le exigía su país, pagó los tributos y como era propio de alguien que empieza a crecer, tuvo que acercarse a un Banco; precisaba una cuenta bancaria para recibir sus pagos del comprador extranjero.

Se presentó con la documentación requerida; el ejecutivo de cuentas, lo observó con desdén a él y a sus documentos. Como si envidiase que este simple herrero estuviese creciendo más que él, que había estudiado cinco años, se había recibido y ahora pasaba casi diez horas atado a un escritorio con un sueldo que no le permitía otra cosa que lo necesario para pagar el combustible de su vehículo para ir y venir al trabajo, algo de ropa y la comida diaria.

Con tono severo le dijo al señor José: "Usted debe tener al menos seis meses de buena facturación, presentar su balance y entonces podrá cumplir con los requisitos para la apertura de su cuenta. Don José, que no era instruido, pero tenía el cerebro despierto, respondió: "Justamente, para aumentar mi facturación preciso cerrar el negocio con este comprador, que debe enviarme los pagos por transferencia, es la condición que me ha impuesto".

El ejecutivo le dio una sonrisa agria y continuo: "Pues, nuestra condición es que debe tener seis meses de buena facturación".
Don José se alejó cabizbajo, no comprendía la razón por la cual el banco se rehusaba a habilitarle la cuenta, ¡él no había solicitado un préstamo, era su dinero el que ingresaría al banco¡
Las noches siguientes, no logró dormir. El comprador lo presionaba, su familia se preocupaba, y él, que había comprado a crédito más máquinas y contratado

dos personales extras para terminar los pedidos de este cliente, ya había recibido varias llamadas del proveedor de las maquinas.

Un "buen amigo", que se enteró de su situación le ofreció una salida a su complicada situación. «No te preocupes. Lo que tenés que hacer es irte junto a este señor», le dijo. Don José observó los números garabateados en un trocito de papel. Luego de unos días fue hasta la dirección que le entregó su amigo. Era una oficina pequeña, ubicada en un edificio antiguo, ubicado en el centro comercial de la ciudad. Tocó un par de veces, hasta que un hombre apareció. Lo invitó a sentarse, el lugar olía a alfombra vieja y cigarrillo. Luego de unos momentos incómodos, éste le consultó acerca de su problema. Don José se lo relató.

El hombre lo escuchó mientras jugueteaba con su cigarrillo, y, cuando consideró suficiente de la historia, le dijo: «Le entregaré el dinero que precisa para pagar sus máquinas...». Don José sonrió agradecido, tan feliz estaba por acceder a una solución, que no le prestó atención al detalle que el hombre recitó de memoria, algo referido a intereses y plazos. Ya vería luego, ahora debía ir a trabajar, tener todo listo y en seis meses recibiría su pago.

La euforia alimentó sus fuerzas, a sus cincuenta y cinco años, se puso a trabajar como un jovenzuelo, pero, lo que él desconocía, era que había estrechado la mano de un usurero, que no era otro más que un corredor del dinero que el gerente, del mismo banco al que don José había recurrido, se "guardaba" de los saldos de intereses y liquidaciones de los clientes del banco, centavos que nadie controlaba, pero que sumaban millones al año.

¿Qué pasó con don José? Su comprador extranjero vio que era dificultoso trabajar con él, debido a que, aunque finalmente le habían habilitado la cuenta bancaria, cada vez que debía realizar las transferencias, el banco de don José le imponía demasiadas trabas y una burocracia harto excesiva. ¿Qué hizo? Dejó de trabajar con don José, y este se quedó con la deuda del usurero, que crecía incontrolablemente.

Recurrió entonces al banco para un préstamo, con el fin de cancelar la deuda con el usurero, para esto iba a dejar en garantía sus máquinas. El banco le dijo que, para acceder a ese préstamo, debía tener al menos un año de buen movimiento bancario ellos. «¿Eso que quiere decir?», consultó. «Que usted debe hacer más depósitos que extracciones, cumplir con los pagos y además, su saldo deber cerrar cada mes con un excedente», le dijeron. «Pero, si yo pudiese hacer eso, no necesitaría un préstamo», razonó don José. El ejecutivo nuevamente lo miró con desdén, pero esta vez, antes de que se fuera, le entregó una tarjeta.

«Este es un amigo mío, tiene una financiera—otros la llamarían cueva financiera, pero eso don José no lo sabía—, si no puede esperar, vaya con él». Don José fue, negoció el préstamo, pero tuvo que dejar el título de su terreno como garantía. Canceló la deuda con el usurero, pero tanto se había incrementado que, además tuvo que entregar sus máquinas como parte de la cancelación.

Se quedó entonces con herramientas mínimas, lo que repercutió en sus ingresos al limitar la cantidad de trabajo terminado. Con el tiempo, el financista lo amenazó con quitarle la casa. Su esposa lo observaba, reclamándole en silencio el haberse arriesgado tanto. "¿Acaso no sabía que, el que nace pobre muere pobre?", pensaba la pobre mujer.

Don José no soportó más esa mirada, ni la propia al mirarse al espejo cada mañana. ¿Por qué pensó que a él le tocaría el milagro? Una mañana, su esposa lo encontró colgado de un cable en su taller. Ahora ya no podremos saber que respondería don José. Su familia perdió la casa, su esposa tuvo que emigrar a otro país para emplearse en el cuidado de ancianos, sus hijos quedaron solos, algunos cayeron en las drogas, otros en la delincuencia, ellos perdieron, los otros ganaron.

Y entonces, saldrán los defensores de las estructuras políticas, de los gobiernos como fieles representantes de la voluntad del pueblo y dirán que, en esta historia, la democracia no tuvo intervención. Por cierto, actualmente este banco está bajo investigación por haber habilitado varias cuentas bancarias obviando los requisitos establecidos por el Banco Central del país en cuestión, y haber intermediado en transferencias de millones y millones de dólares al extranjero sin aplicar la misma burocracia que aplicó con don José; y sin considerar que esos millones provenían de la mega red de lavado de dinero a nivel internacional, conocida como "Lava jato". Ahora, permíteme que te pregunte: ¿Crees que los directivos de este banco irán alguna vez preso? ¿Crees que la justicia pudo haber salvado a don José de ese nefasto destino? Sé cuál será tu respuesta.

Pero, digamos que aun tengan dudas de mis consideraciones previas, y que no encuentran relación entre un sistema estatal corrupto y estas muertes, que bien podrían ser obra del destino, y no de un gobierno corrupto que somete a la justicia a su antojo, entonces analicen la siguiente historia.

En la cumbre de las sierras, se asienta una pequeña villa, allí viven doña Catalina, que ha criado a sus seis hijos, cuatro varones y dos mujeres. Todos se han dedicado a la crianza de alpacas, han aprendido las técnicas de trabajar su lana, y han sobrevivido en una pequeña casa de piedras, al cubierto de los fríos y secos vientos, del sol. Pero, también han aprendido a vivir con la sencillez, a dormir con la paz de quien no le debe nada a nadie y solo recibe lo que su esfuerzo produce, si, absoluta paz.

Sin embargo, los pecados pueden ser por acción u omisión, y tienen iguales consecuencias.

Tiempo atrás, había llegado a la villa un candidato a intendente. Reunió a los pocos residentes en la pequeña plazoleta, y les prometió un paraíso que, de solo oírlo, muchos quedaron prendados del hombre. Él se fue, y quedaron los "punteros", los que ganan por llevar votos a favor de los políticos. La villa se movilizó y dividió, estaban los que apoyaban al candidato, los que se oponían y los que, como doña Catalina, no se prendía de ningún hablador, los políticos nunca habían cambiado en nada su vida, tenía ochenta años, y siempre había sido así.

Pasaron los meses, el candidato ganó; el invierno llegó, crudo y cruel. Una epidemia de bronquiolitis se expandió por la villa, uno tras otro, los pequeños caían enfermos, uno de ellos, el nieto más pequeño de doña Catalina.

Una de las noches más frías, el pequeño de apenas cinco meses ardía en fiebre, los ungüentos y vapores caseros que doña Catalina instruyó a su hija preparara ya no lograban mejorarlo. Al ver que el pequeño ya no respondía ni siquiera para llorar, salió corriendo en busca de su madre. Doña Catalina vio la desesperación en el rostro de su hija, corrieron juntas hasta la casa, ella sujetó al niño, estaba laxo, como un muñequito de trapo.

«¡Hay que llevarlo al Doctor!», exclamó. Llamó entonces a su hijo mayor, pidiéndole que prepara las mulas, debían llevar al niño hasta la casa del doctor del pueblo, distante a quince kilómetros. Salieron apresuradamente, abrigaron al niño con las lanas de sus animales, y se encaminaron por delgados caminos entre las sierras, sin embargo, a medio camino las mulas se negaron a continuar, el camino se había convertido en un hilo que pendía sobre un desfiladero. «¡No podremos pasar! ¡El camino esta destruido!», gritó el hijo. Doña Catalina guardó silencio, mientras observaba un cartel que decía: "*Renovado camino comunal. Obra del Señor Intendente de la Ciudad, trayendo bienestar a su pueblo*".

Finalmente, decidieron seguir a pie, en la fría y oscura noche, no había opción. Llegaron a la casa del médico luego de dos horas de camino, usualmente en las mulas lo hacían en la mitad del tiempo. El médico los recibió, tomó al niño en sus brazos, lo acostó en la camilla, su respiración era un pequeño y débil silbido que emanaba del pecho. «Está muy mal», declaró. «¡Tienen que llevarlo al hospital de urgencia, acá no hay nada que pueda hacer por él!». «¡Ayúdelo!», rogó la madre.

El médico, que afortunadamente contaba con línea telefónica, llamó al hospital. No disponían de ambulancias, fue la respuesta. La madre lloró, y doña Catalina cayó bajo el peso de la impotencia, observando todo como el desenlace de una película de terror. Presa del llanto y la desesperación, la madre se aferró a las piernas del médico, rogando que salvara a su hijo. Se le ocurrió entonces al buen hombre, llamar al Intendente, y aunque no era de quemar sus cartas de esa manera, en esta ocasión necesitaba quitarse la responsabilidad de tener a un infante moribundo en su consultorio, cuanto antes.

«Señor Intendente», susurró en el teléfono, «disculpe que lo despierte a estas horas, pero necesito de su ayuda, tengo aquí a un niño que necesita ir al hospital de urgencia o no pasará la noche. ¿Podría conseguirnos una ambulancia?» Oyó primero la respiración pesada del otro lado de la línea, luego una retahíla de quejas, de cuánto gastaría en combustible para enviar la ambulancia a un lugar tan distante, sin contar el pago al chofer, siendo el camino tan peligroso.

El médico asentía y explicaba que no había otra opción. Entonces, pasó a responder algunas preguntas que el Intendente realizó, hasta que llegó la última. "¿Han votado ellos por mí?». Él médico guardó silencio, y luego, cubrió el teléfono y preguntó: «¿Votaron por el intendente?». Doña Catalina sintió cómo su pecho se cerraba, le sudaron las manos y la respiración se le cortaba. Su hijo respondió por todos: «Nosotros no votamos». El médico tragó duro y paso la respuesta, luego, cortó la llamada.

Se sentaron frente a un fogón a aguardar la ambulancia, el sol empezaba a teñir de naranja el cielo cuando el niño dio el último suspiro. La ambulancia jamás llegó, y el grito de la madre atravesó los escarpados picos.
Doña Catalina, a sus ochenta años, comprendió de qué manera los políticos sí podían cambiar sus vidas.

Si crees que es un relato ficticio, lamento decir que te equivocas. Lamento decir que esa pequeña vida se perdió a causa de un voto. Y como este pequeño, hay en miles en Latinoamérica, infantes cuyos derechos a la vida, atención médica, alimentación, educación, etc., claramente determinados en Cartas Magnas de países de Latino América, derechos humanos refrendados por organismos como UNICEF, la ONU, pero desoídos y olvidados por los gobernantes, que de tanto en tanto reciben "un reto", de estos organismos.

¡Vamos! No es difícil comprender cómo es posible que ocurran están situaciones. América Latina tiene, estadísticamente la menor inversión en salud, educación, infraestructura; en contrapartida el gasto absorbido por el estado, a través de sus instituciones y empleados, representan fácilmente más de cuarenta por ciento del presupuesto anual, en promedio.

Nuevamente, otro rasgo que se replica para los Latinos. Los gobiernos nos hambrean, con el fin de que, hambrientos no pensemos, y por unas migajas en tiempos electorales vendamos nuestros votos, para así perpetuarse en sus puestos. ¿Y cómo no hacerlo? De una de sus manos come el pueblo famélico, de la otra, el gigantesco aparato estatal, representado por funcionarios mediocres, acomodados políticos, fieles al partido que, por un jugoso sueldo , entregan sus votos sin ningún criterio, y los entes estatales se convierten en catedrales de ineficiencia e inoperancia, burocracia y corrupción.

Así, todos alimentamos a una enorme bestia, el Estado, que nos arroja sus desechos a la cara. Muchos estarán pensando que soy anarquista, y hasta el momento considero que no lo soy.

Si todavía algunos no están seguros de las implicancias que el llamado "gobierno del pueblo", tiene en estas historias, sigamos con otra.

En la zona más árida del hemisferio, hacia el norte de uno de estos países, allí hay una reserva indígena. No hay luz, ni agua potable, el líquido vital al que tienen acceso y al que se han adaptado a riesgo de su salud, es salobre. Alguien, un político de medio pelo, pero inescrupuloso como muchos, alguna vez se presentó con un proyecto para una planta desalinizadora. El cacique ordenó a todos los mayores de edad que votaran por este candidato, al fin y al cabo, recibirían un beneficio para la comunidad.

El candidato fue electo, se presentó en el congreso y solicitó que se le otorguen los fondos para el proyecto. Lo consiguió, luego de prometer el pago de las comisiones correspondientes. Entonces, empezaron las propagandas, en las que se informaba de tan increíble y necesaria obra. El dinero se adjudicó, la obra se inició y al año, lo único que quedó como recuerdo de ese efímero bienestar que jamás llegó, fue el esqueleto de una estructura a la que pronto empezaron a cubrir las hierbas, y sirvió de hogar para las palomas.

La planta desalinizadora no se terminó, y los indígenas nunca supieron lo que es beber agua potable, o de un líquido insípido. El culpable fue identificado, pero este contaba con buenos contactos y padrinos—los mismos que disfrutaron de relajantes vacaciones en paradisiacas playas costeadas con las comisiones recibidas—, este corrupto jamás estuvo preso, y aunque no pudo justificar el incremento de su patrimonio —¿quizás fue otro milagro—. El juez cajoneó el expediente hasta que el proceso feneció. **Nullum crimen per corrumpere.**

Y no lejos de ese árido lugar, cruzando una línea imaginaria que separa las fronteras de un país y de otro, pero no las miserias de ambos; había una niña, tenía doce años, ella sufría los dolores del parto. Una matrona la atendía dentro de su choza de barro y paja. El sudor cubría el cuerpo de la anciana, las lágrimas el rostro de la niña. Ella fue violada, por un hombre, a quien su familia la había entregado a cambio de unos víveres y una carreta con dos caballos. ¿Absurdo dices? ¿Qué no es posible en pleno s. XXI, dices? ¿No en un país democrático, es lo que piensas? Los gritos de la niña se oyeron en el aislado pueblito. El párroco también se enteró, recibió la denuncia de una mujer compadecida con el dolor de la pequeña.

El párroco informó a las autoridades, pero no hubo mayores repercusiones. No era un caso para dedicar tiempo ni recursos. Sin embargo, en la capital, una mujer veía como su campaña por la Presidencia de la nación se tambaleaba, debido a las denuncias de corrupción contra su marido, ahora expresidente. Un asesor le acercó la historia de la niña, y sin dudar, tomó un vuelo privado al interior, fue hasta la casa de la niña, le llevó pañales y alimentos para el pequeño. La abrazó, le prometió justicia, el momento quedó retratado en varias tomas fotográficas, la convirtió en estandarte de su renovada campaña. Regresó a la ciudad, su popularidad despuntó; fue electa presidenta.

El tiempo pasó. Jamás regresó a ver a la niña o su pequeño. Dicen que nombró a una amiga como secretaria de Acción Social, era quien debía encargarse de esos temas, pero no lo hizo. La niña creció, tuvo otros hijos de diferentes parejas, no estudió, ni tampoco lo hicieron sus hijos. No volvió a sentir esa contención como cuando aquella señora bonita y perfumada la abrazó, todavía la recuerda como si fuese un sueño.

Pero no, no fue un sueño, sino la cruel realidad que sufren los olvidados. En contrapartida, esta presidente estuvo dos períodos en el poder, por voto popular. Su elección fue democrática, pero los esquemas que utilizó para llegar al poder, ¿lo eran? Presiones a los sindicados, promesas de subvenciones a las empresas, licitaciones amañadas a grupos empresariales amigos, aumentos en las jubilaciones y asignaciones familiares, todas sustentadas con dinero del pueblo.

Ahora, ella ya no está en el poder, pero sigue merodeando alrededor del mismo, como el buitre sobre la carroña. ¿Es quizás su don de servicio lo que la lleva a desear perpetuarse en el poder? ¿Es lo que motiva a estos demócratas? ¿Es así Señor/ra presidente?

O, quizás sea la necesidad de blindaje, de tener acceso a la impunidad, abonada con grandes e importantes "reconocimientos" a fiscales, jueces, incluso seudodetractores. Ser intocable es un plus que otorga el poder. Y ella, al parecer realmente necesita de ello, porque está siendo investigada por delitos de corrupción tan graves como los que se le adjudicaron a su marido. ¡Hay mujer! ¡Tenías la oportunidad de cambiar sino el mundo, un gran país! ¿Por qué has dejado que la ambición te cegara? ¿Ya no eras poderosa? ¿No era suficiente tu riqueza?. Disculpen, pero estas preguntas las tenía atravesada en la garganta, o la cabeza.

Todas estas historias se replican en todas las ciudades; tanto hombres como mujeres, sin importar su nacionalidad, siempre y cuando pertenezcan a las tierras latinoamericanas, todos comparten el dolor ante el desgarro de sus sueños, el despojo de sus dignidades, esa violencia pasiva ejercida por el estado a través de sus ordenamientos injustos, carentes de fundamentos en los cuales el bienestar humano sea el cimiento, transmutada luego en la violencia activa reinante en las calles, muertes absurdas que se incrementan día tras día en manos de otras almas perdidas, para quienes la vida no vale nada, frutos podridos de la misma planta enferma que se arraiga en el poder. Si un gobierno está podrido, sea dictadura o democracia, el hedor terminará asfixiando a todos.

Y, es así como entramos en un laberinto donde todos nos convertimos en víctimas y victimarios, cómplices y encubridores, sordos, mudos, y ciegos, ante lo que reconocemos como imposible de cambiar, incapaces de encontrar una salida, de despertar nuestra rebeldía.

La que grita en nuestro interior: "¡INJUSTICIA¡", pero esa voz no explota en nuestros labios, y dejamos rodar la moneda, cualquiera sea el lado del que caiga, si callamos, todos perdemos. El abandono gubernamental, la decidía de estos regímenes por demás ricos, porque todos estos países poseen recursos abundantes, reflejado en el despilfarro atroz de los recursos, enervan, agitan y alimentan la criminalidad tornándola más violenta, convirtiéndonos a todos en potenciales blancos de lobos feroces, y la impunidad se propaga y la justicia no llega, y corruptos y criminales se hacen parte de una rosca, porque en un país corrupto la libertad tiene precio, y justamente esta rosca es la que más recursos tiene. Irónico, ¿no? Astrea es ciega ante sus actos, pero ¡hay de ti, pobre común si debes enfrentarte a su juicio!, porque, aunque seas inocente, ¡su peso caerá sobre ti con fuerza!

Y, toda vida perdida injustamente, ya sea bajo tierra o tras las rejas, es una tragedia, y de tragedias hemos abonado este suelo que muere a la par que nosotros.

Pero, aun así, es tan noble esta tierra latinoamericana, y tan noble su gente, cuyos corazones azorados pueden latir con tanta fuerza, y reponerse sobre las desgracias más infames. Ese también es un rasgo que nos une, la resistencia, esa capacidad de rearmarnos del propio polvo, y como nuestra tierra revivir, aun después de dejarla seca.

Así es la historia de Zulma, y ese es su nombre verdadero, una madre soltera que, trabajando incansablemente, según sus propias expresiones dadas en una entrevista, logró sacar adelante a su familia, constituida por su hija e hijo, de nueve y seis años respectivamente. Contaba solo con la ayuda de su madre, la abuela de los niños, que se encargaba de cuidarlos mientras ella realizaba varios trabajos en el día. De esa manera logró construir su pequeña casa, compró sus mínimas comodidades y enviaba a sus pequeños a la escuela. Eran humildes, pero felices.

No mencionaré la ciudad en la que ocurrieron los hechos, porque creo que fácilmente podrías ubicarlos en cualquier lugar de Latinoamérica. Podría ser la historia de tu vecino, de tu familiar, la tuya.

Un día, Zulma, que debía trasladarse a varios puntos de la ciudad por sus trabajos, decidió comprar una motocicleta. Así, logró ahorrar tiempo de traslado y pudo disfrutar de más tiempo con sus niños. Ya no debía perder cuarenta y cinco minutos aguardando el bus interno que la llevaría hasta su casa, ni debía perder otros noventa minutos de viaje, como era usual.

Disfrutaron los tres, de ese tiempo extra juntos, lo que bien justificaba la inversión y el esfuerzo realizado para adquirir el motociclo. Su sacrificio y perseverancia se veían recompensados en cada uno de esos momentos ganados. Sin embargo, su ya dura vida fue sacudida trágicamente, y Zulma debió redescubrir su fortaleza.

Una mañana, cuando llevaba a sus niños a la escuela, como se había hecho costumbre desde que adquirió la motocicleta, condujo por la misma carretera a una velocidad prudente, porque así era Zulma, precavida y protectora de sus pequeños. Pero en un instante, justo antes de llegar a una curva, ella observó a un vehículo blanco que se movía en zigzag con dirección hacia ellos. Rápidamente, les advirtió a sus hijos que bajaría a la banquina, les gritó que se sujetaran fuerte ante la ondulación del terreno, necesitaba salirse del camino y alejarse de ese conductor errante, en un intento por esquivar el peligro que se cernía sobre ellos.

Logró bajar de la carretera, pero, era tarde para esquivar el vehículo que llevaba excesiva velocidad y los impactó a pesar de sus esfuerzos.

Zulma despertó, luego de estar veintiocho días en coma, gracias a la insistencia de su madre no fue desconectada, pues, los médicos se habían dado por vencidos; pero no ella, que estuvo a su lado día y noche, velando por su hija, rogando porque esperaran a que reaccionara, movida por una fe ciega a pesar de tanta desgracia.

Cuando despertó, lo primero que oyó fue lo del milagro que obró en ella, ya que de alguna manera estaba viva. Al instante, preguntó por sus hijos, poco le importó sentir su cuerpo diferente, ella necesitaba saber cómo estaban. Las respuestas venían esquivas y confusas, pensó que era por su estado, hasta que le pidió a su madre que le dijera lo que realmente había ocurrido.

No había forma de obviar la realidad que se desplegaba para Zulma y su pequeña familia. La abuela fue quién debió darle la noticia. Su pequeño de seis años no soportó las heridas, murió al instante, aquel mismo día. Ella lloró, inmersa en un dolor indescriptible; no pudo despedirse, no pudo enterrarlo, y se aferró a un mínimo consuelo para no sucumbir a la oscuridad, al pensar que al menos no agonizó, y que su abuela, aun en medio de tanto dolor autorizó la donación de los órganos del pequeño. ¿Y su niña? Divertida, activa, excelente alumna, la pequeña había sufrido lesiones graves en la cabeza, le diagnosticaron lesiones neurológicas, posiblemente ya no sería la misma.

Mas llanto, más dolor, en su pecho no cabía otro sentimiento; sintió que le habían arrancado la vida, por lo cual ya no le importó ver que había perdido su pierna izquierda; se la amputaron por debajo de la cadera.

Los días pasaron, el dolor seguía. Le dieron el alta y regresó a su casa, ahora casi vacía, silenciosa. Todo lo conocido se había vuelto extraño, hasta su cuerpo, ahora impedido de moverse por sí solo.

Debió aprender a movilizarse con limitaciones, y apenas logró hacerlo, pidió que la llevaran a la tumba de su hijo. Luego, debió ver a su hija y reconocer en ella a la niña que fue. Quizás se recuperaría, quizás mejoraría, debía someter a la pequeña a largos tratamientos de rehabilitación física y neurológica, no había tiempo para auto compadecerse; además debía pedir justicia.

Cuatro años pasaron de aquella tragedia, cuatro años de esperar el dictamen de la justicia que parchara en parte la herida abierta en su pecho, meses y meses, de ir por pasillos de tribunales esperando ser escuchada, rogando que alguien comprendiera que la magnitud de lo que perdió no se repararía jamás, pero que era necesario que el culpable pagase de acuerdo con la ley.

¿El culpable? Resultó ser una maestra de la zona donde ocurrió el accidente, en ese entonces era "candidata a concejal por el partido oficialista". Jamás fue presa, jamás se acercó a pedir disculpas, como mujer, como madre que también es, no se solidarizó con Zulma ni con su familia.

Extrañamente, el día del accidente, cuando los cuerpos de Zulma y sus hijos todavía estaban desperdigados entre la maleza, lo primero que hicieron sus "colegas políticos", fue enviar una grúa, no una ambulancia para las víctimas, sino una grúa para recoger el vehículo, con la anuencia de la policía, que ni siquiera cercó el área del accidente para su posterior peritaje. Ante esto, la justicia, complaciente con los grupos de poder, no pudo determinar si dentro del vehículo hubo rastros de bebidas alcohólicas, o, si la conductora estaba o no alcoholizada, porque "se olvidaron "de realizarle la prueba de alcoholemia.

Lo que hizo esta mujer, fue acercarle una propuesta de "arreglo extrajudicial" a Zulma, a fin de que desistiera de continuar con el proceso, porque perjudicaba sus aspiraciones políticas. Una mísera suma, pero, en el caso de Zulma, no hubiese aceptado ni si hubiese sido una fortuna, porque ella es de los pocos que no se venden, no ceden, no bajan la cabeza, aun ante el dolor más grande.

Hasta el día de hoy ella pelea por justicia. Se moviliza en silla de ruedas mientras lleva a su hija a rehabilitación, la niña de a poco recuperó algunas capacidades, logró reconocer a su madre luego de un tiempo, otro pequeño consuelo para Zulma, pero, ya no será la misma y su futuro no será igual al que pudo ser, si esa conductora imprudente no se hubiese cruzado aquél día en su camino.

Zulma quiere justicia; quiere ser nuevamente una mujer independiente y trabajadora, para lo cual necesita una prótesis, y así, recuperar parte de sus capacidades, pero no lo consigue.

¿Por qué?, por que el sistema de salud no tiene recursos para proveerle de esa prótesis, sin embargo, si posee fondos para financiar a inversionistas con emprendimientos que, es sabido quebrarán sin devolver un céntimo, o, capitalizar entidades bancarias privadas, cosa extraña. Y ante esto, ella, la víctima, ella, la madre que perdió a sus hijos, la mujer trabajadora que solo quiere volver a ser capaz de salir adelante sola, como lo hizo siempre; es ella quien debe comprar la prótesis. El costo de esta es igual al valor del reloj de oro que ostenta el senador al que ella paga su sueldo, es igual a la cuarta parte del valor del vehículo blindado del diputado al que ella paga su sueldo, es igual al precio del anillo *Swarovski* que brilla en la mano de la amante del juez que lleva su caso.

Su historia, las anteriores, y todas las demás que se transforman en números para los estadistas, son historias reales, son historias que volverán a repetirse si no despertamos del largo letargo en el que hemos caído.

¿Y, se puede hablar de genocidio?

¿Y por qué no? Basta con analizar los índices de mortalidad infantil de los países latinoamericanos, los que corresponden a mortalidades derivadas de la carencia de servicios de salud, y aquí hablamos también de adultos jóvenes, adultos. ¿Pero, equipararlo a genocidio?, se preguntarán muchos.

Desde luego que sí. Si consideramos los años, décadas mejor dicho, de gobiernos que han esquilmado los recursos públicos, que por ley constitucional deberían estar dirigidos a la salud pública, y las consecuencias reales de tales agravios hacia la población, si sumamos a todos los que han muerto por no conseguir una sala de terapia intensiva, un lugar para diálisis, una ambulancia que se traslade a tiempo para salvar una vida, ¿creen que no alcanzaríamos dígitos tan desgraciados como los que la historia registró en los campos de exterminio?

Si no se iguala, estamos muy cerca. Y, la corruptocracia latinoamericana ¿no ha convertido estas tierras en eso, campos de exterminio? Si un gobernante designa a un "socio político" como ministro de salud, un puesto que debería ocupar un experto, y este ministro incapaz e ignorante de los procesos requeridos para una buena administración de salud, no entrega los recursos necesarios para surtir de medicamentos, ambulancias, sanidad hospitalaria, equipamientos a los centros médicos, y estas inacciones derivan en muertes, es a todas luces un sistema asesino.

La corrupción es la culpable, es la asesina despiadada e impune que deambula por nuestros suelos, arrastrando a su paso la muerte de inocentes, todas evitables, dolorosas, injustas.

Pero, no solo debemos considerar la mortalidad derivada de un sistema de salud ineficaz, porque, además, están las muertes derivadas de la inexistencia de un sistema judicial "justo". El que roba en las calles por un aparato celular, por una mochila, y jamás es castigado por estos delitos, porque hay fiscales y policías que "negocian" su culpabilidad por medio de la extorsión, saldrá nuevamente a las calles y la próxima vez matará, porque sabe que su libertad tiene un precio, su preocupación no será la de pagar por su crimen, sino la de reunir mas dinero para seguir delinquiendo ante la vista gorda de las autoridades.

Es así como diariamente vamos perdiendo vidas, hombres, mujeres, estudiantes, trabajadores, ciudadanos comunes, todos expuestos al elevado nivel de delincuencia y criminalidad que se incrementa como una gran peste. Y tristemente aceptamos la idea de que ya no hay lugar seguro para ninguno de nosotros.

Ese delincuente, pudo ser el hijo de don José, u otro paria que el gobierno de turno creó gracias a sus promesas incumplidas, a la burla plasmada en derroches de los recursos públicos, a la nula inversión en educación, salud y seguridad. Un joven que creció observando cómo para los corruptos la cárcel y el castigo por sus delitos les son esquivos, mientras el hambre y sus necesidades básicas son insatisfechas, es, potencialmente candidato a caer en la delincuencia.

Y así, se van entrelazando los eslabones de una cadena que nos aprisiona. Corrupción-Impunidad-Mediocridad-Pasividad; nos entregan más corrupción, más impunidad, mas criminalidad, mas mortalidad.

¿Seremos capaces de liberarnos alguna vez?

El camino de los libres.

Esa es la pregunta que resulta más difícil de contestar, porque no resulta fácil determinar el medio a ser utilizado. Fueron muchos los valientes que recorrieron estas tierras con la esperanza de forjar un futuro de libertad e igualdad para nosotros, los latinoamericanos. La historia los nombra junto a sus hazañas, y los recordamos, admirando ese temple forjado a fuego y gritos de nuestros ancestros. Aquellos valientes que desafiaron la fuerza de la inhóspita naturaleza y la del propio opresor de turno en tempranas épocas, nos dejaron un legado impregnado en cada verso que da vida a los himnos patrios de cada una de estas naciones.

"Libertad, Justicia e igualdad", son palabras que se repiten en sus versos, cantados con diversos acordes y melodías, pero son iguales al enarbolar el sentido intrínseco de nuestra esencia, la dignidad.

Se dice que aquella sociedad que no ha aprendido de su historia es una sociedad destinada al fracaso. Quizás, deberíamos regresar la vista a nuestros cimientos, esa introspección tan necesaria a nivel individual lo es también a nivel grupal, somos masas humanas que han olvidado como ser sujetos dignos, y precisamos de manera urgente, redescubrirnos como elementos activos y necesarios para el cambio.

Ese cambio que nos permita redirigir nuestras vidas hacia un futuro pleno, libres de "gobernantes" nacidos del vientre corrupto de la bestia, infectados por ese virus que nos hace cada día menos libres y más sometidos, aun en plenas democracias.

Uniéndonos todos los que habitamos cada metro cuadrado del suelo Latinoamericano podremos emprender un cambio mental, una revolución del pensamiento. *El Che* creía que para que exista una revolución era imperante el uso de la violencia, no obstante, reconocía que, si el pueblo no despertaba mentalmente primero, y aceptaba el cambio de un estado de sumisión a otro de emancipación, su revolución fracasaría.

En estos tiempos, quizás ya quedó atrás el momento del uso de la fuerza, o al menos ese pensamiento me dicta mi naturaleza pacifista, y, por otro lado, mi elemento humanista se indigna ante tanta injusticia y me susurra al oído.

Quizás la violencia del pensamiento con el que el Che fundó su lucha, orientada a formarnos como entidades únicas e irrepetibles, dignas de respeto, de igualdades y oportunidades, podrían ser suficientes para fortalecer los resquebrajados principios de lo que nos corresponde por derecho, sin estar sometidos a los caprichos de corruptos que asumen el poder comprando votos, manipulando a la población con migajas y burdas promesas, mientras ellos se rifan lo que pertenece al pueblo, y se erigen como deidades intocables, bajo la bandera de la democracia, que ellos se han encargado de mancillar. La democracia no es mala, ellos la han hecho mala.

Debemos transitar ese camino de resurgimiento, es necesario. Pero para ello precisamos taponar esa falla que ha carcomido la tierra de nuestros pueblos, y en la que se esconde esa Hidra de tantas cabezas, corrupción e impunidad, prevaricato, soborno, evasión de impuestos, lavado de dinero, narco-política. Le hemos visto el rostro a cada una de ellas.

El camino de los libres debe cimentarse en la creencia irrevocable de nuestra dignidad como seres humanos, representada en acceso a la educación y salud de primera calidad. Que no sean solo los hijos de los gobernantes, senadores, diputados, o cualquier político advenedizo, quienes tengan acceso al mejor contenido académico, a la mejor cobertura médica.

Derecho a la tierra. Nadie debe ser privado de un lugar donde erigir un techo para su descanso. Habiendo tantas hectáreas improductivas en manos de tan pocos, y en muchos casos, siendo estas tierras obtenidas con maniobras dolosas, ¿no es justo que al que tiene demasiado se le quite un poco, para darle al que no tiene nada?

Es justo y es necesario que lo creamos. Es nuestro derecho. América Latina es poseedora de las mayores cantidades de tierras en propiedad de los mayores terratenientes. Los latifundios fueron y son el ejemplo latente de la desigualdad social imperante en un país.

No hay nada peor que observar un amanecer que traiga consigo la injusticia, y que termine en un ocaso que nos arrastre hacia la oscuridad de la resignación.

Debemos empezar cuanto antes, es nuestra obligación legar a nuestros hijos un mundo más justo e igualitario, y esto no es una quimera si se torna en el propósito de nuestras vidas. Quizás sea la primera roca que arrojaremos a la bestia, y con la que empezaremos a sellar su fin en el abismo de esta falla que nunca debió abrirse bajo nuestros pies, ni en nuestras vidas.

Esto no es una apología a la anarquía, ni al comunismo. Tampoco es una cuestión de regímenes dictatoriales o democráticos, pues cualquier régimen injusto y prebendario, ya sea por medio de las armas y la opresión, o por medio de una lapicera y leyes que nacen para beneficiar a unos pocos, por medio de un congreso convertido en cofradía de corruptos, es igual de inaceptable.

Esta es una apología al humanismo. Cualquier régimen político o sistema gubernativo que base sus políticas y ordenamientos en el respeto y crecimiento del ser humano, será un gobierno que merezca el apoyo y el esfuerzo de todos los que lo habitan.

"De tanto ver triunfar las nulidades, de tanto ver prosperar la deshonra, de tanto ver crecer la injusticia, de tanto ver agigantarse los poderes en manos de los malos, el hombre llega a desanimarse de la virtud, a reírse de la honra, a tener vergüenza de ser honesto" (Sic. Ruy Barbosa de Oliveira)

No es tarde para revertir la sensación de abatimiento que ya en su tiempo tan crudamente reflejó Ruy Barbosa en estas palabras. ¡Despertemos, es hora de acabar con la bestia!, de sentirnos orgullosos de plantarnos ante el corrupto y declarar que ya no será dueño de nuestras vidas, de que ya no habrán promesas que nos compren, que ya no aceptaremos el despojo de los recursos a los que todos aportamos, de que las injusticias serán rechazadas, y aquel que se considere con la fortaleza y aptitudes necesarias para ocupar el poder, deberá saber que ejercer la representación de un pueblo dejará de ser sinónimo de enriquecimiento.

Si logramos germinar estos pensamientos, iremos por buen camino y el futuro que se elevará en el firmamento será el que se corresponda con una vida justa e igualitaria para todos.

La corrupción ya no puede determinar nuestros futuros, por medio del presente mediocre que nos ofrecen, con sistemas de educativos, de salud, de economía, pobres, desiguales. América Latina es rica, en todos los sentidos, y la situación actual en la que viven millones de personas no resiste ningún tipo de explicación, ya sea que la otorguen expertos de organismos multinacionales, intelectuales, y aun menos los que están en el poder. No se puede tapar el sol con un dedo, decían nuestras abuelas, ya no pueden seguir tomándonos el pelo, digo yo.

La impunidad debe indignarnos y ser el combustible que alimente nuestra revolución humanista que debe reflejarse en leyes que, así como aquellas atroces matanzas en masas ocurridas en la historia, llevaron a establecer los delitos de lesa humanidad, también la corrupción sea considerada de igual manera. Una matanza puede ser sistemática, prolongada en el tiempo, resultante de acciones u omisiones motivadas por intereses oscuros, por la ambición de los corruptos, a mi ver, ellos son tan criminales como cualquier genocida, y deben ser juzgados como tales. Porque no hay un solo Don José, una sola Zulma, un solo bebé muerto, una sola niña violada y embarazada; no, como sus historias hay miles, historias que quedaron en el pasado, que se palpan en el presente, solo nos queda evitar que ocurran en el futuro del suelo latinoamericano.

Sandra M. C.
Mujer, madre, latina,
y por sobre todo, humana.
2019